HARTE
SPIELE

Labyrinthe Für Erwachsene

ActivityCrusades

Veröffentlicht von Speedy Publishing Canada Limited

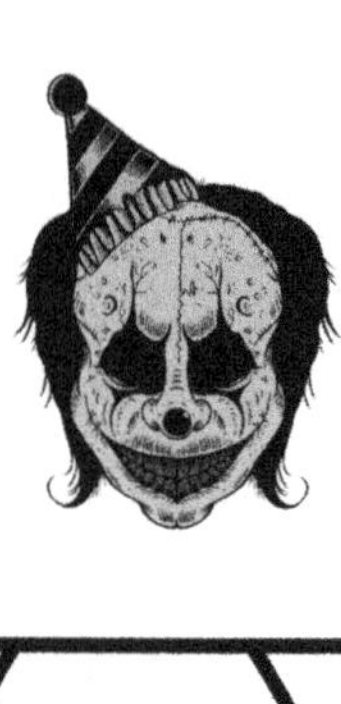

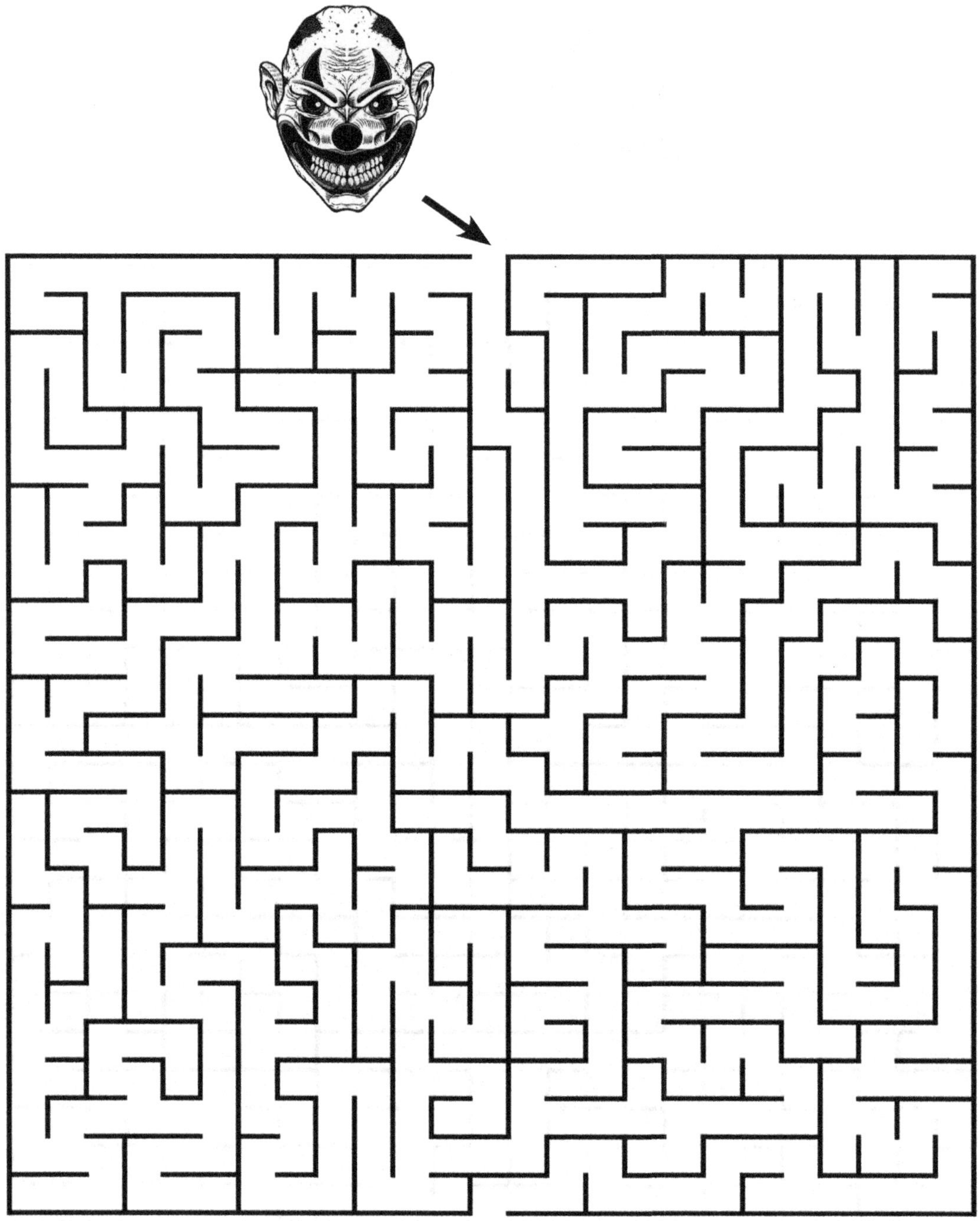

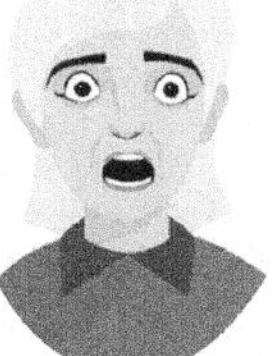

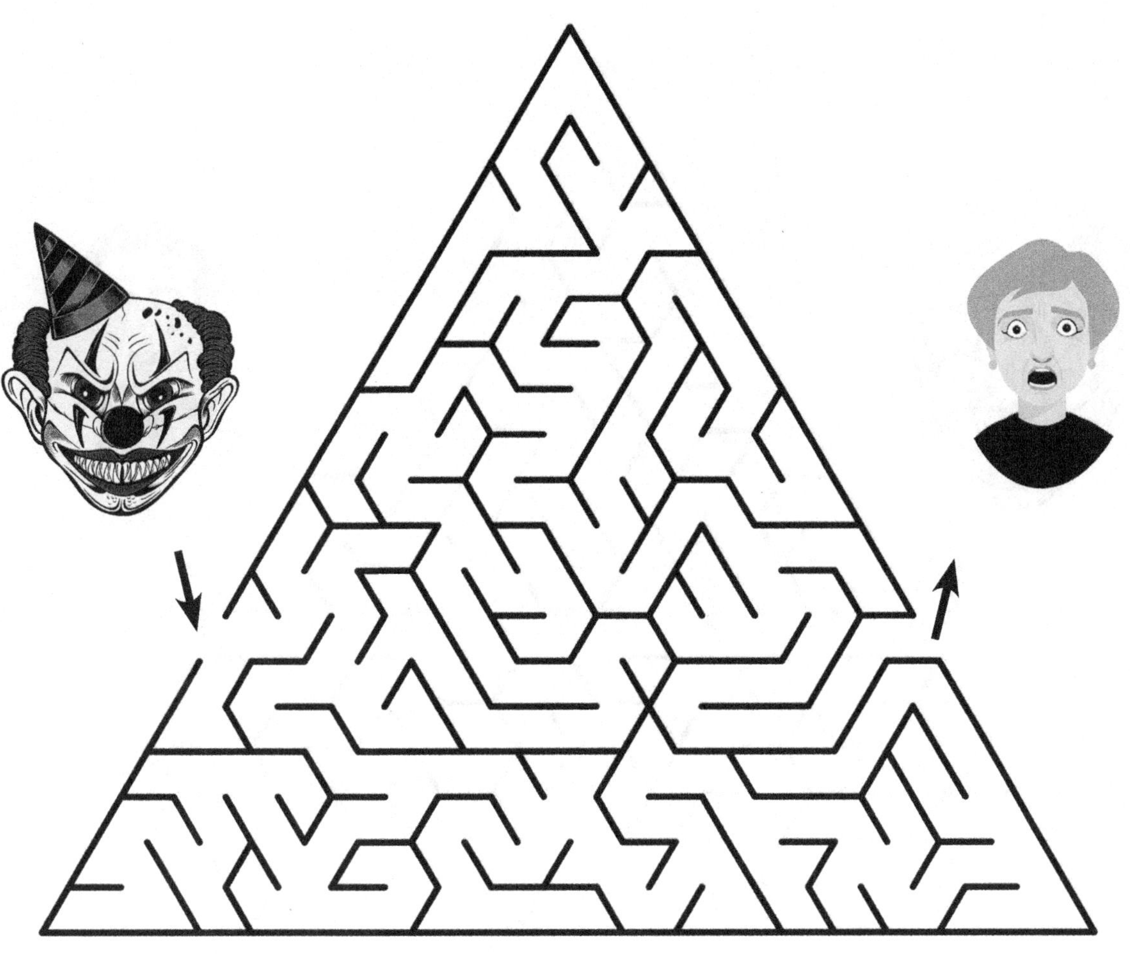

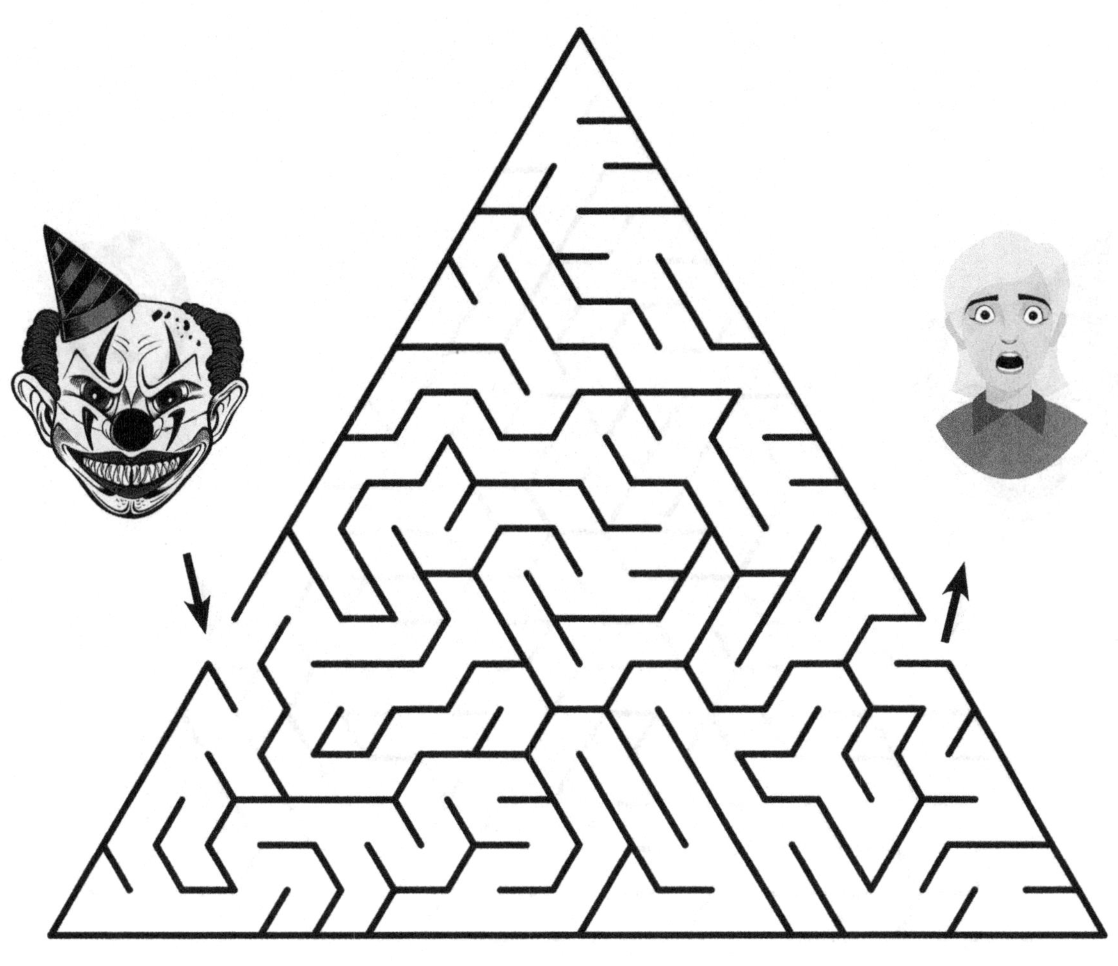

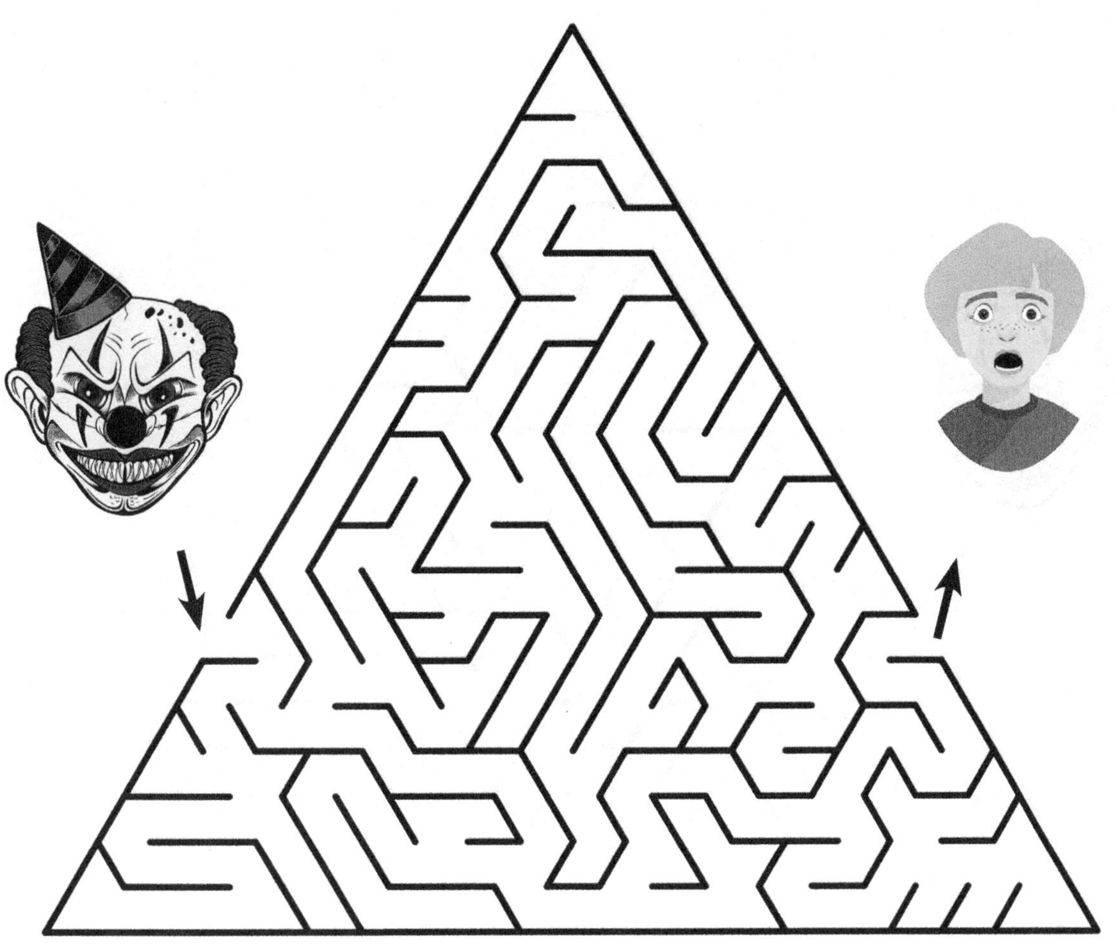

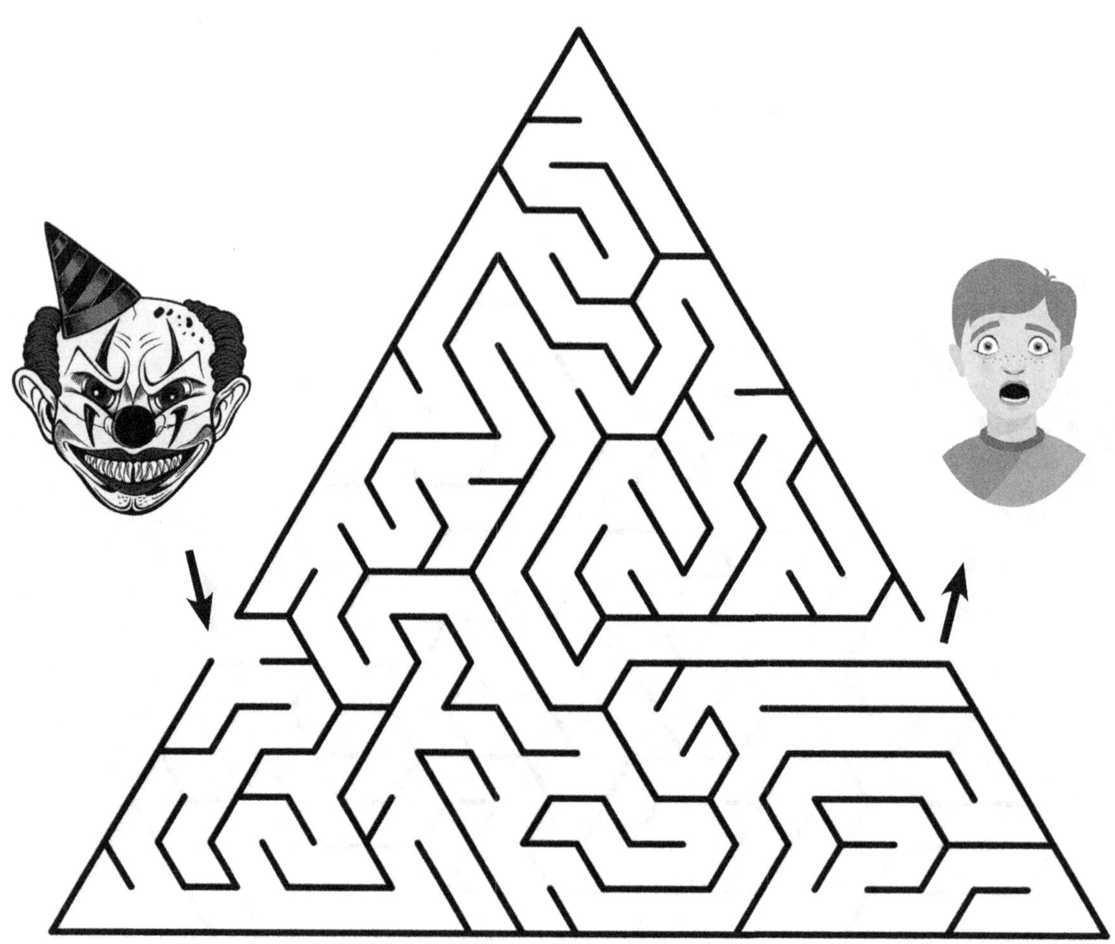

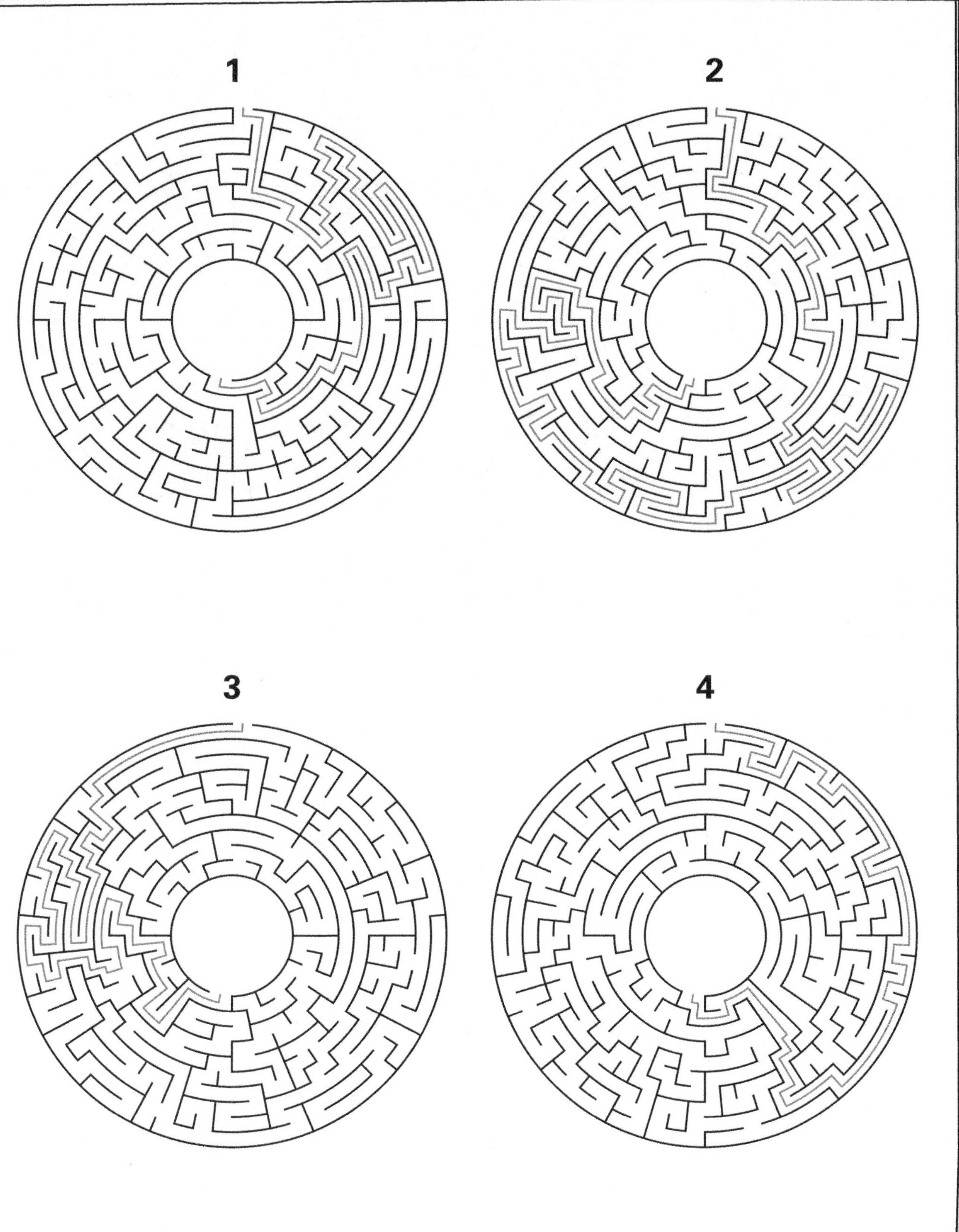

1
2
3
4

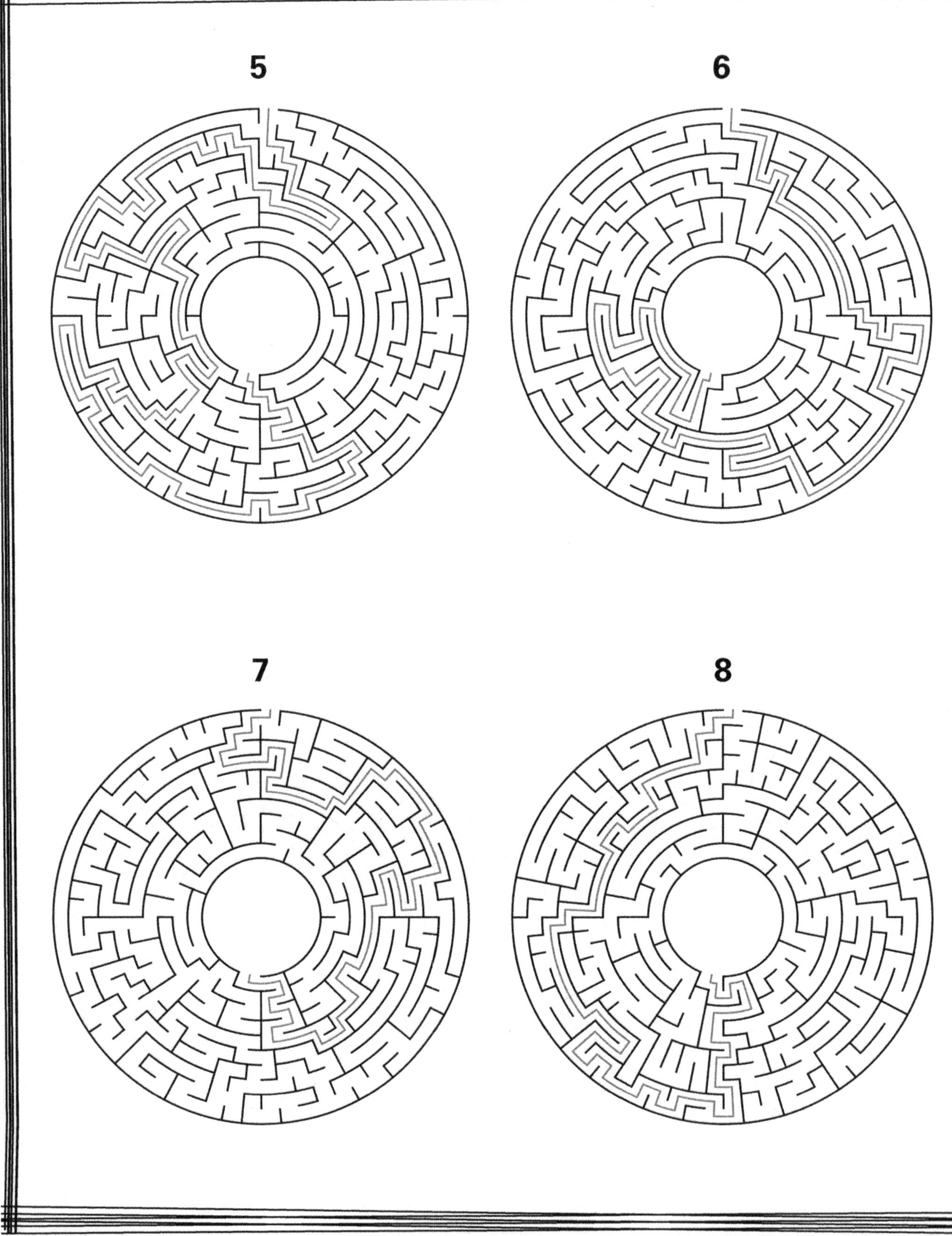

5
6
7
8

9 10

11 12

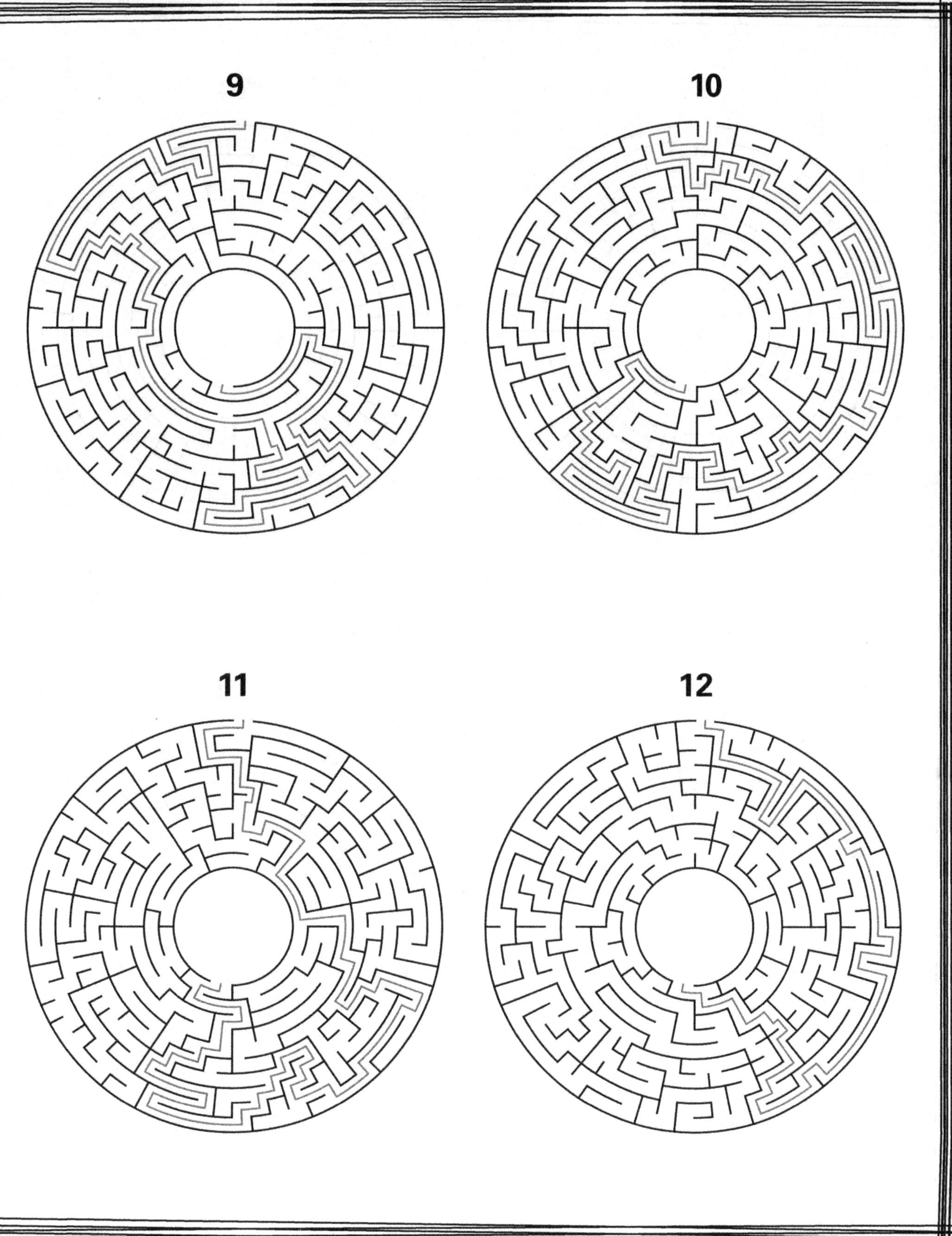

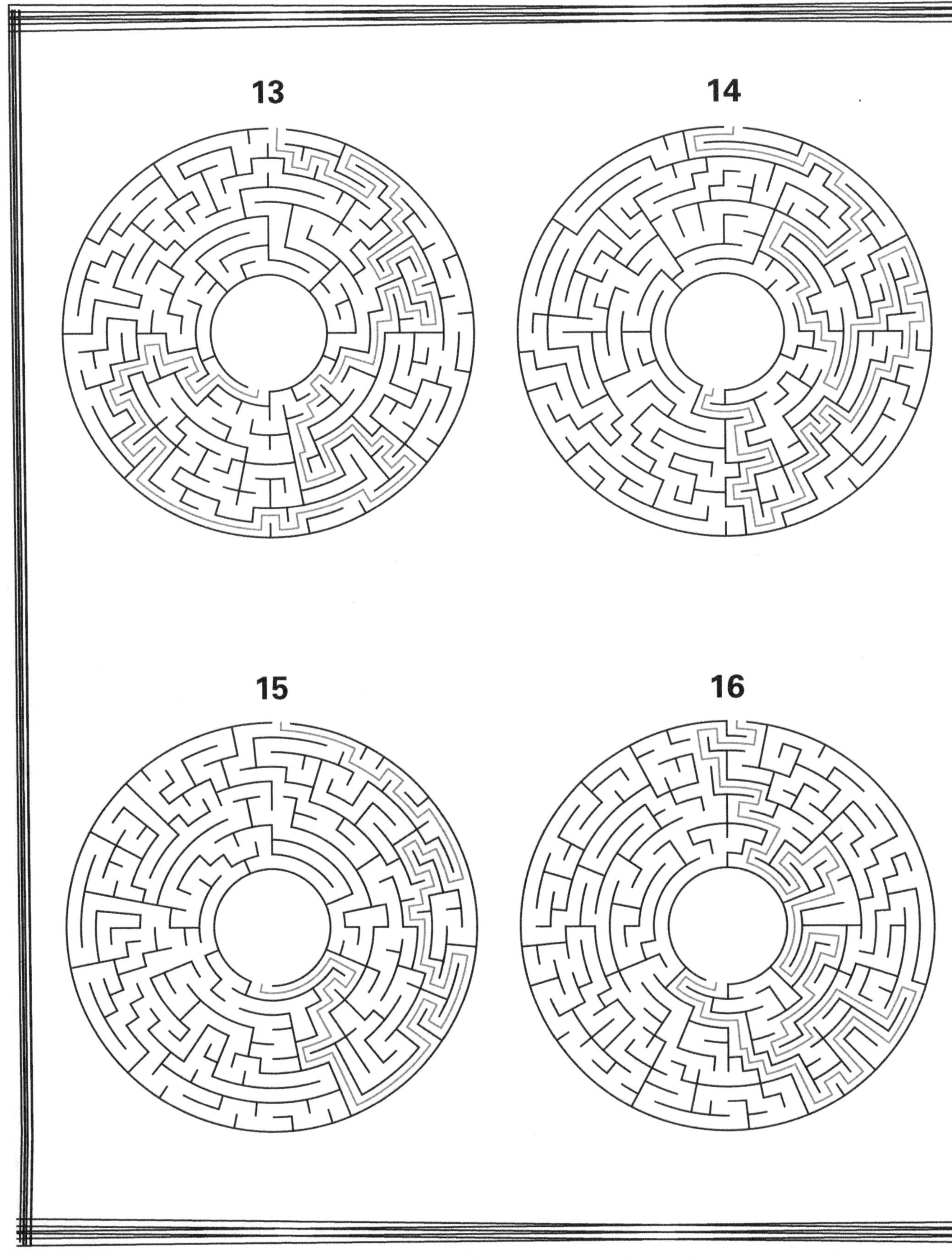
13
14
15
16

17

18

19

20

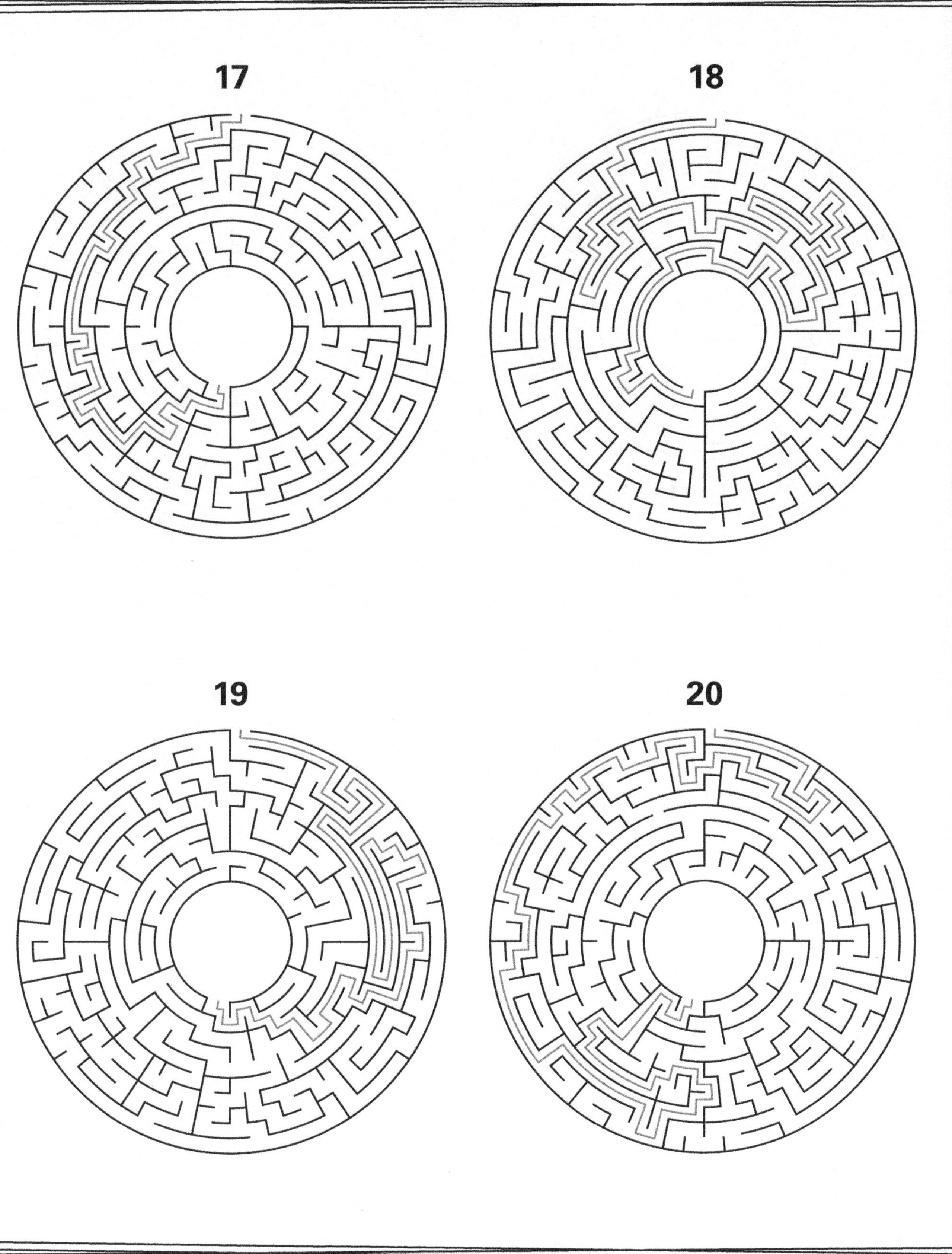

21

22

23

24

25

26

27

28

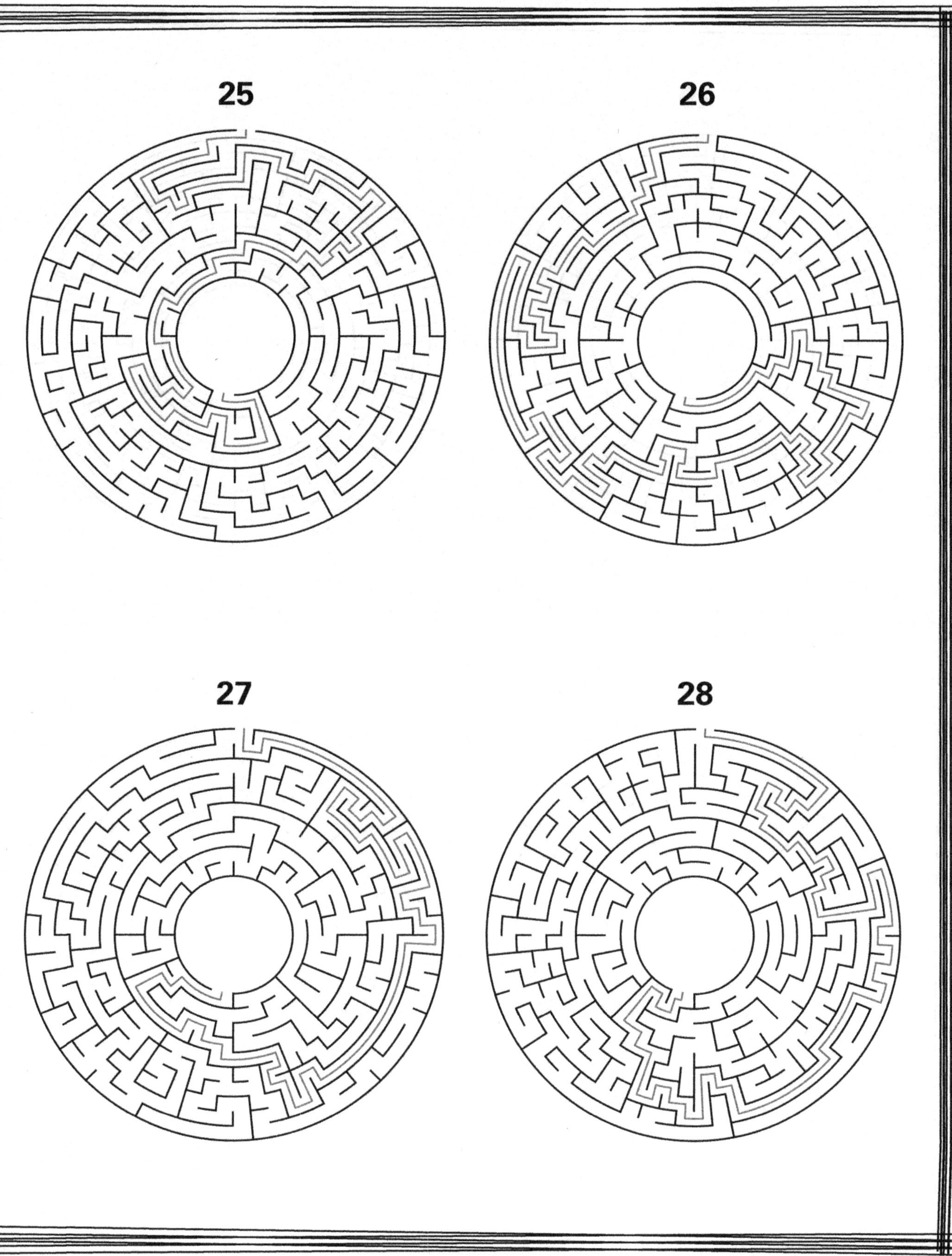

29	30
31	32

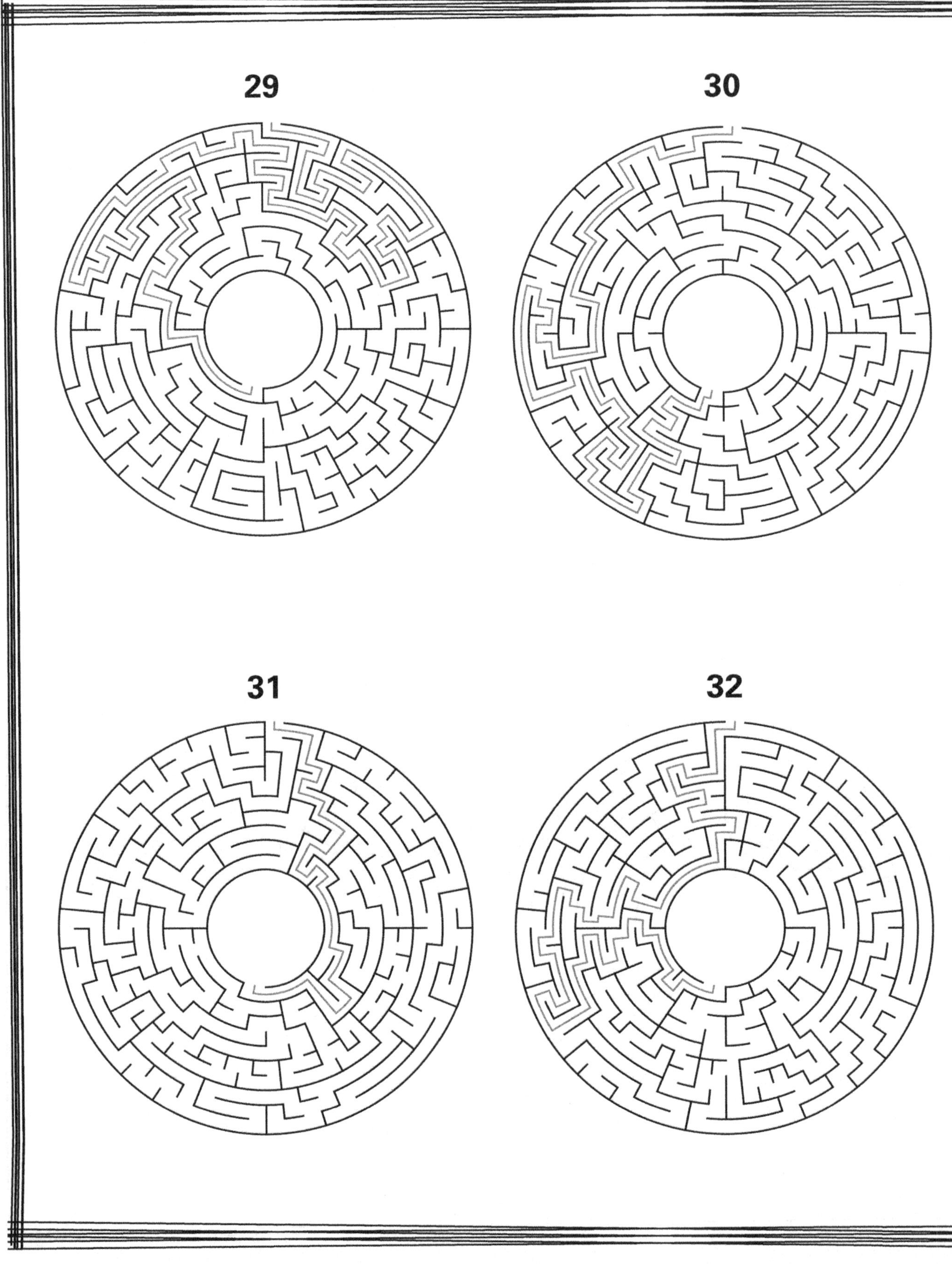

33

34

35

36

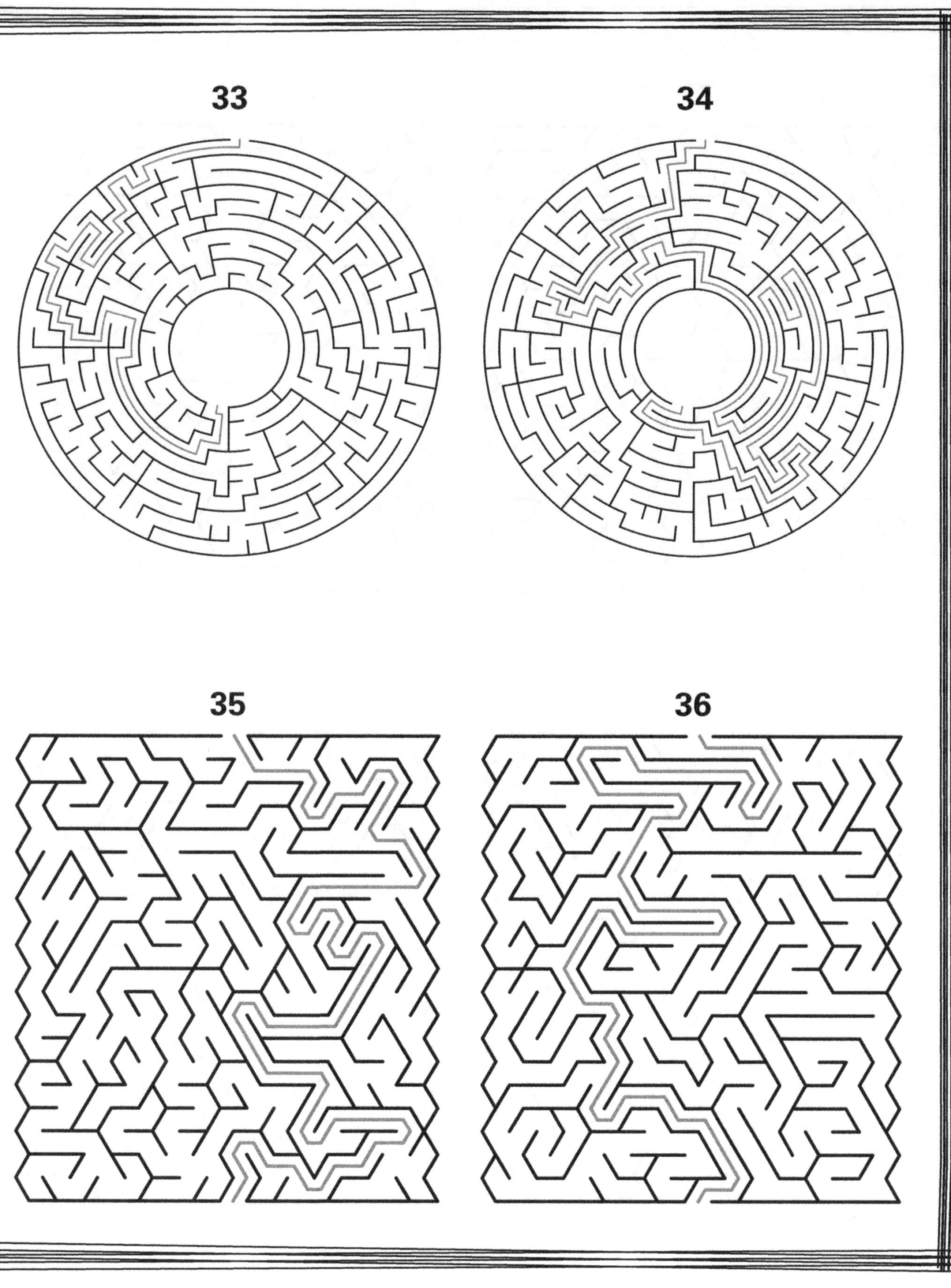

37

38

39

40

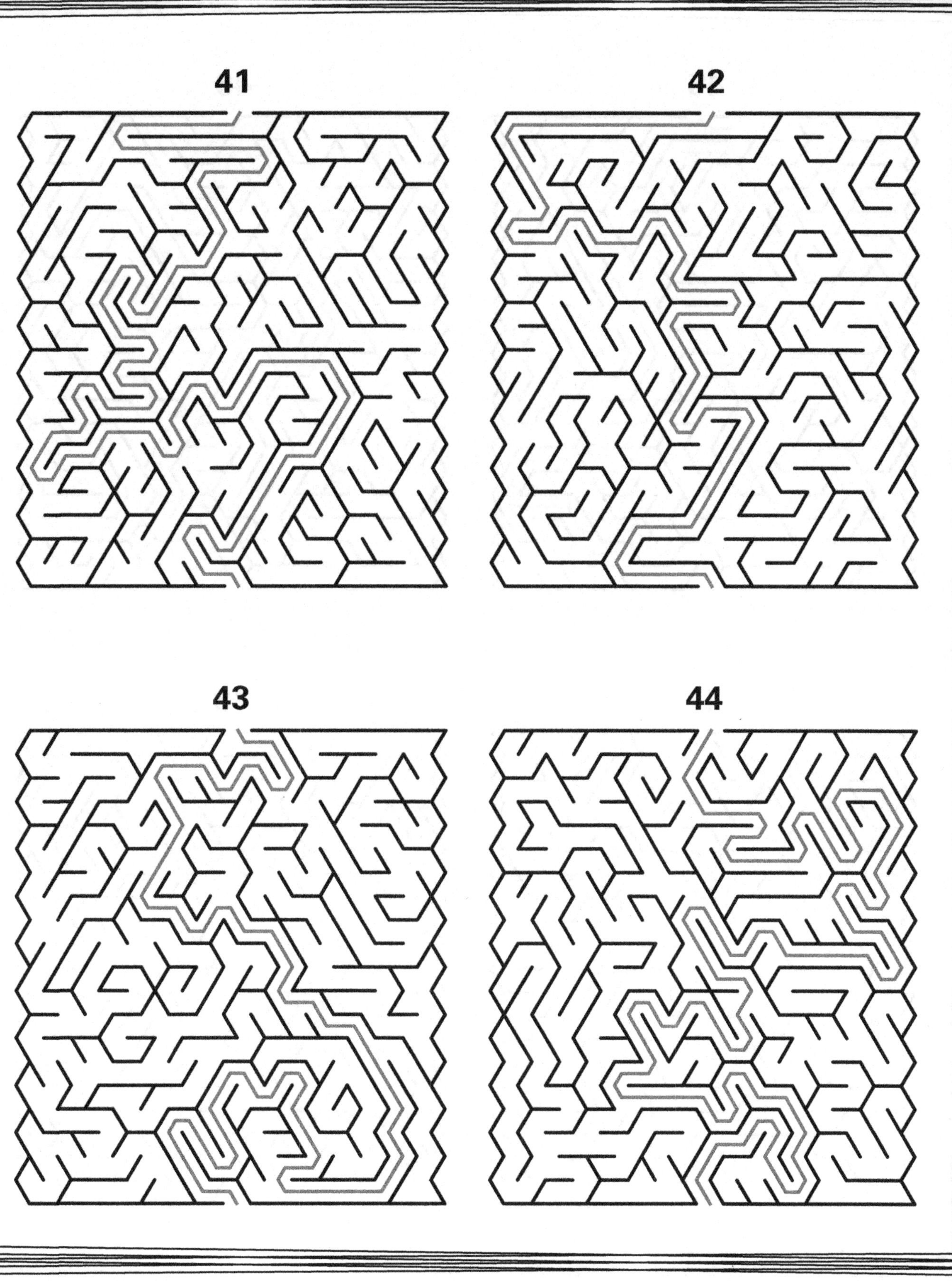

41
42
43
44

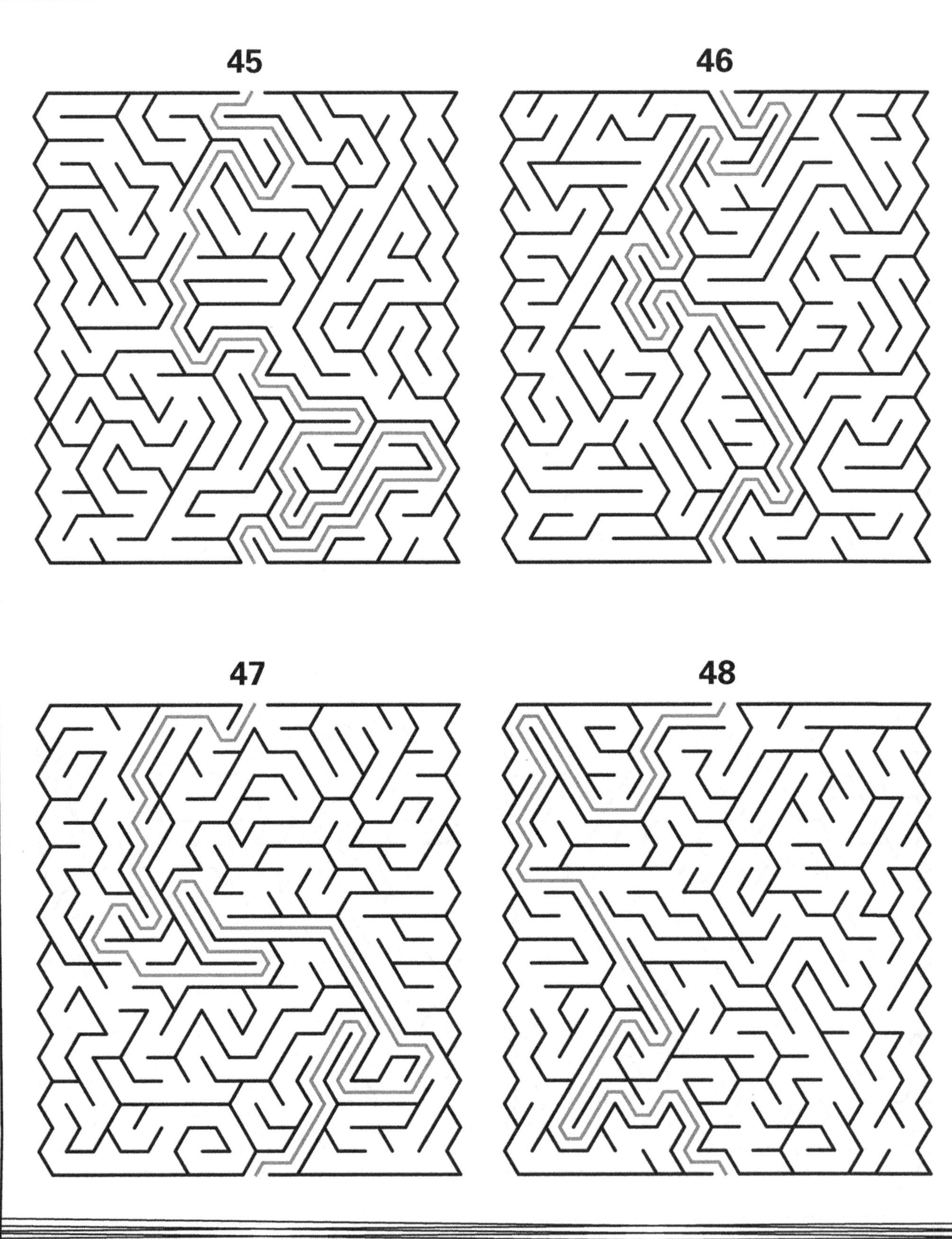

45
46
47
48

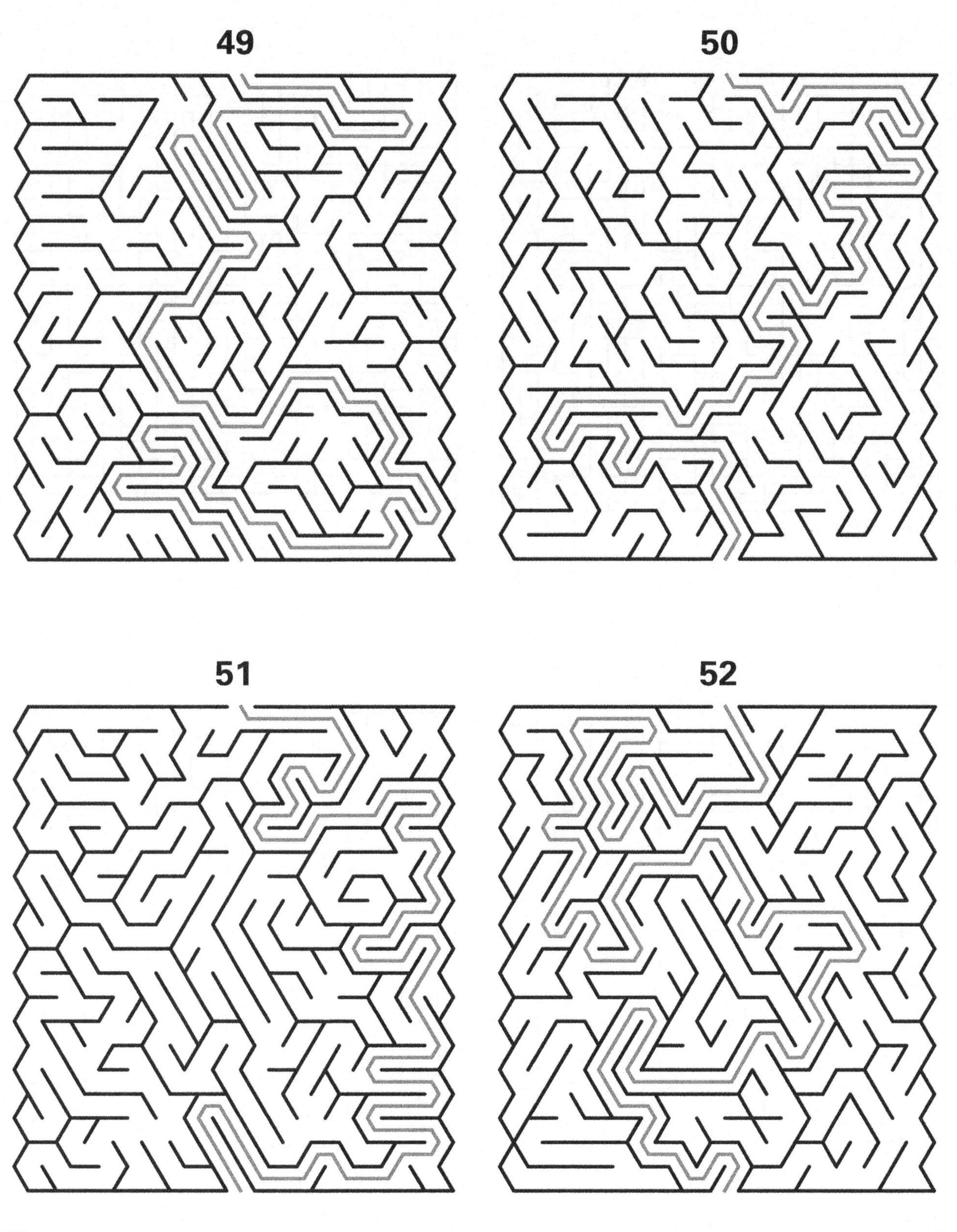

49
50
51
52

53

54

55

56

57

58

59

60

61

62

63

64

65

66

67

68

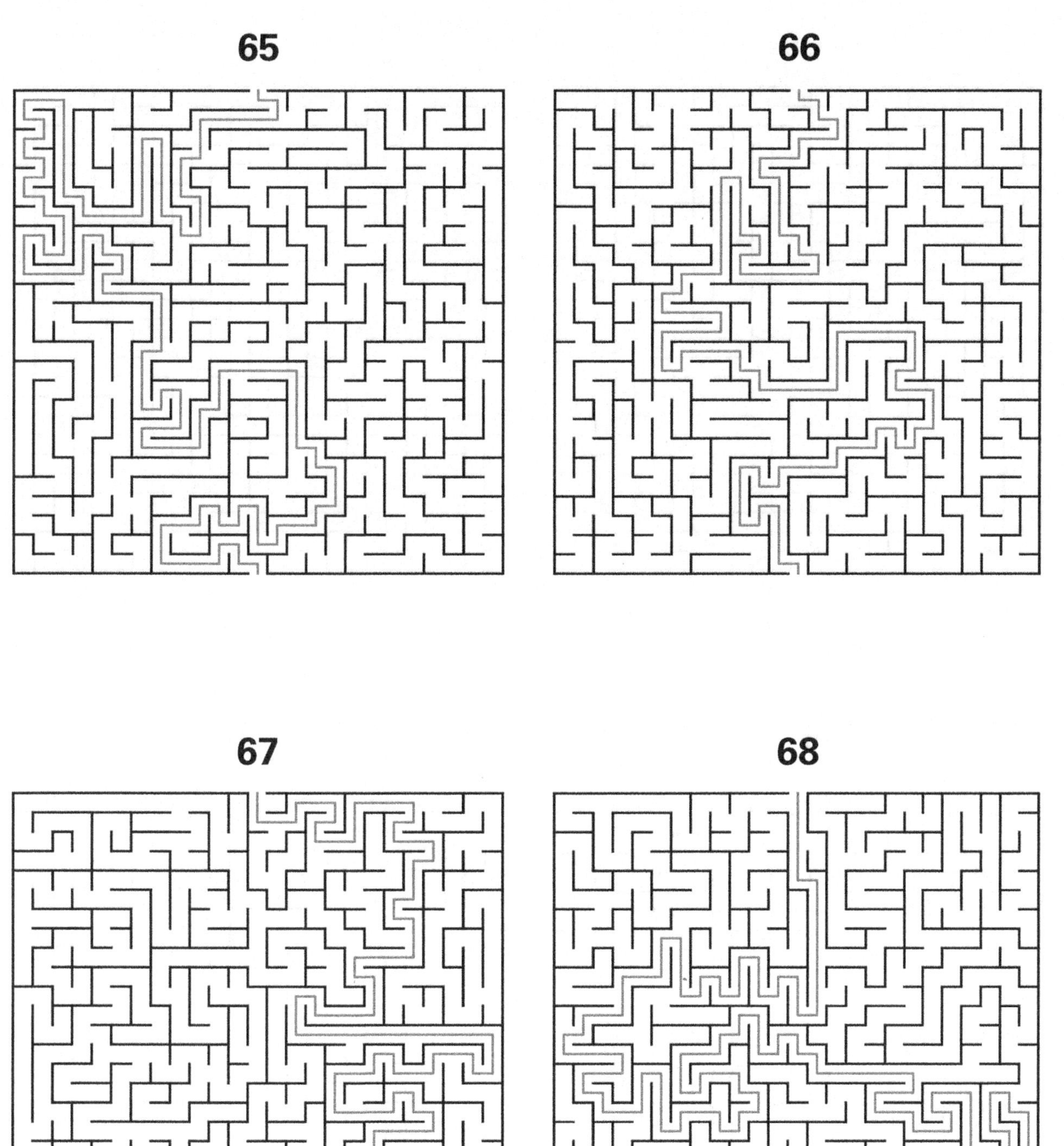

69

70

71

72

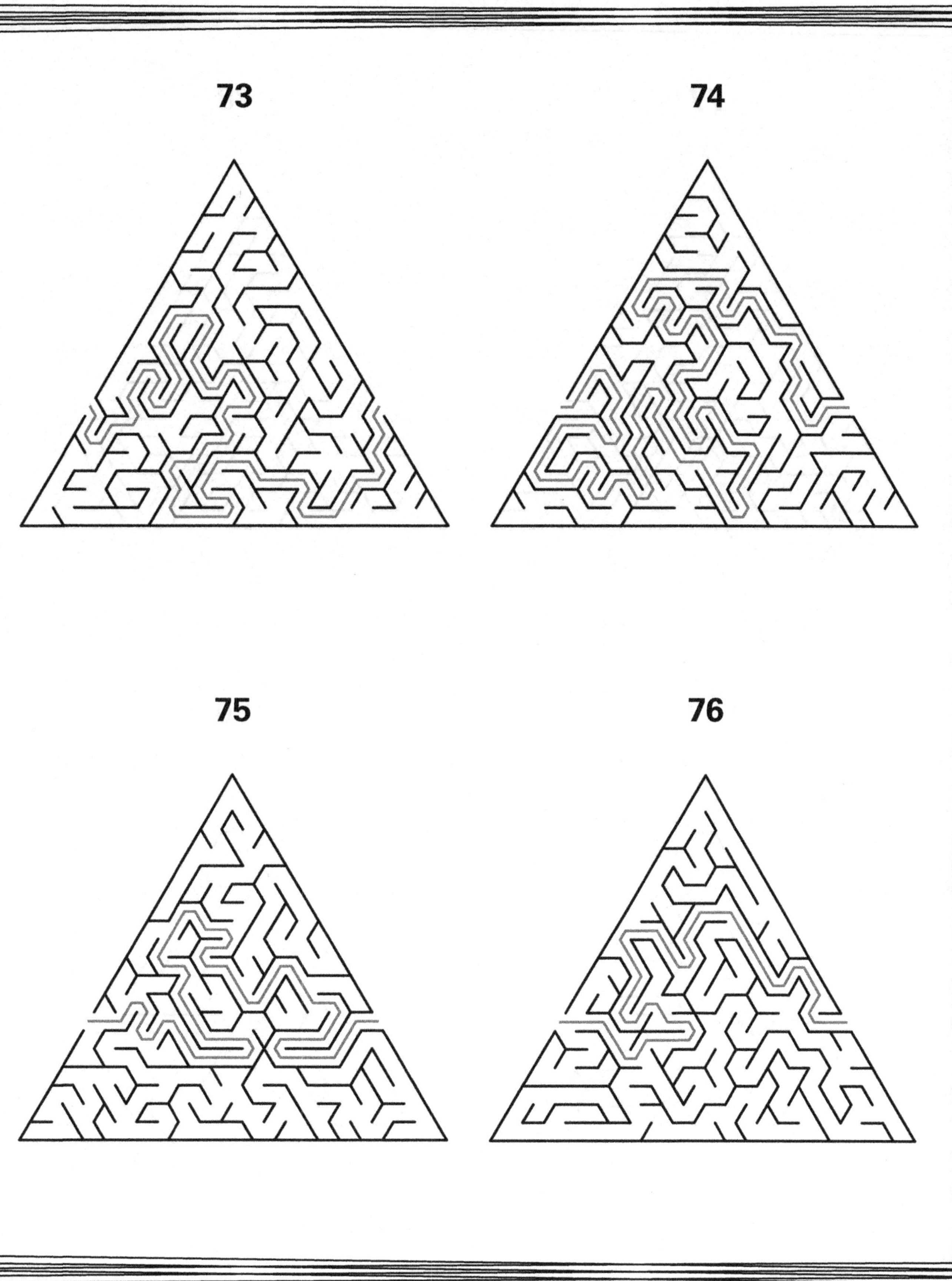

73
74
75
76

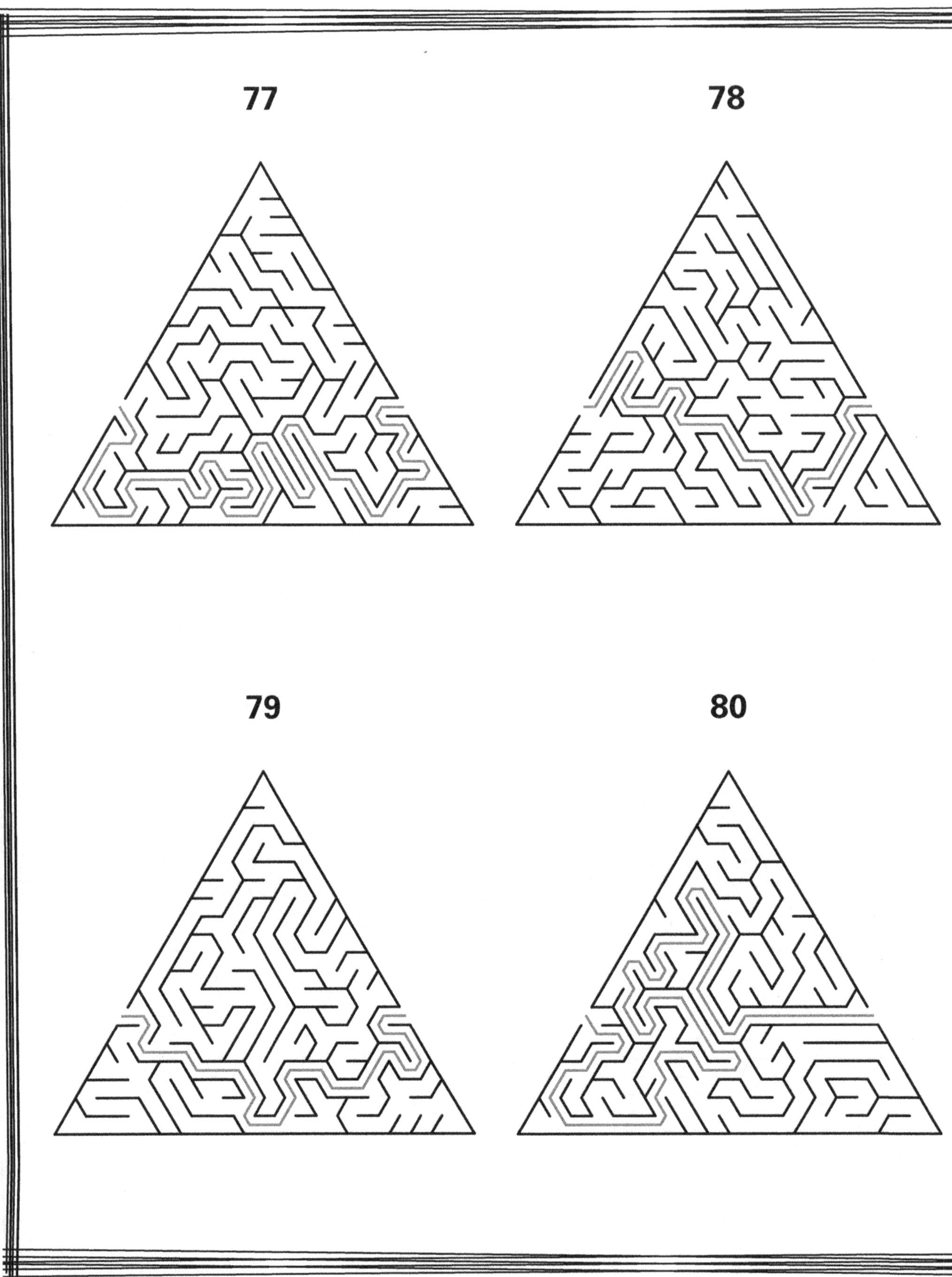

77
78
79
80

81

82

Made in the USA
Monee, IL
07 July 2026